Vowels	Consonants					

Vowels

- i – i
- ɪ – capital i
- e – e
- ɛ – epsilon
- ə – schwa
- ɜ – reversed epsilon
- ɑ – script a
- a – a
- æ – ash (a–e ligature)
- ʌ – turned vee
- o – o
- ɔ – open o
- Œ – o-e ligature
- ø – slashed o
- u – u
- ʊ – upsilon
- y – wy

Consonants

Fricative
- β – beta
- f – f
- v – v
- θ – theta
- ð – eth (edh)
- s – s
- z – z
- ʃ – esh
- ʒ – ezh
- Ç – c cedilla
- j – j
- X – x
- ɣ – gamma
- h – h

Plosive
- p – p
- b – b
- t – t
- d – d
- k – k
- g – open tail g

Affricative
- pf – p-f ligature
- ts – t-s ligature
- dz – d-z ligature
- tʃ – t-esh ligature
- dʒ – d-ezh ligature

Glide
- hʋ
- w –
- ɥ –
- j –
- ɹ – upside

Nasal
- m – m
- n – n
- ɲ – left-tail n (eñe)
- ŋ – eng (engma)

Lateral
- l
- ʎ – …ed y

Tap
- ɾ – fish-hook r
- r – r

PRONUNCIATION

Vowels		Consonants			

Vowels

i – (s**ee**)
ɪ – (**i**n, **i**t)
e – (ch**a**otic)
ɛ – (m**e**t)
ə – (**o**ppose, ag**e**)
ɜ – (**ea**rth) *British English*
ɑ – (f**a**ther)
a – (c**a**r)
æ – (c**a**t, l**au**gh)
ʌ – (d**o**ne, **u**pon)
o – (**o**bey)
ɔ – (c**o**ugh, d**a**wn)
Œ – (gr: G**ö**tter)
ø – (gr: S**ö**hne)
u – (f**oo**d, l**o**se)
ʊ – (b**oo**k)
y – (gr: gr**ü**n)

Consonants

Fricative

β – (Cu**b**a)
f – (**f**i**f**ty)
v – (**viv**id)
θ – (**th**in)
ð – (**th**is)
s – (**s**ip)
z – (**z**ip)
ʃ – (**sh**u**sh**)
ʒ – (vi**s**ion)
ç – (gr: I**ch**)
j – (gr: **j**a)
X – (Ba**ch**)
ɣ – (sp: a**g**ua)
h – (**h**and)

Affricative

pf – (gr: **pf**erd)
ts – (pi**zz**a)
dz – (me**zz**o)
tʃ – (**ch**ur**ch**)
dʒ – (**j**u**dg**e)

Plosive

p – (**p**at)
b – (**b**at)
t – (**t**en**t**)
d – (**d**ent)
k – (**c**ame)
g – (**g**ame)

Glide

hw – (**wh**at)
w – (**w**e)
ɥ – (fr: l**ui**)
j – (**y**es)
ɹ – (**r**ed)

Nasal

m – (**m**a**m**a)
n – (**n**a**nn**y)
ɲ – (sp: ni**ñ**o)
ŋ – (si**ng**i**ng**)

Lateral

l – (**l**u**ll**aby)
ʎ – (it: e**gl**i)

Tap

ɾ – (Ma**r**ia)
r – (lat: **r**egina)

Fricative

Also called *spirant*, a fricative sound is produced by the forcing of breath through a constricted passage (i.e. [f] in *foot* or [s] in *sit*).

Plosive

A plosive sound is produced by completely closing the oral passage and subsequently releasing it, producing a burst of air (i.e. [p] in *pit* or [d] in *dog*).

Affricative

Also called *affricate*, this complex speech sound consists of a stop consonant followed by a fricative (i.e. the initial sounds of *child* and *joy*).

Glide

A glide sound is a transitional sound produced by passing from the articulatory position of one speech sound to that of another (i.e. [w] in *wide* or [j] in *yarn*).

Nasal

A nasal sound is produced through the nose with the mouth closed (i.e. [n] in *nose* or [m] in *memory*).

Lateral

Lateral is a sound produced by breath passing along one or both sides of the tongue (i.e. [l] in *lullaby*).

Tap (or Flap)

Tap is a consonant sound produced with a single contraction of the muscles so that one articulator (such as the tongue) is thrown against another (i.e. [r] in the Latin pronunciation of *regina*).

DEFINITIONS

A

Spanish

a: [a] *ala, palabra*
ay (one syllable): [ai] *hay*
ai: [ai] *baila, caida*
au: [au] *Paula, pausa*

Italian

a: [a] *andante*
ae: (one syllable) [ɛ] *Aequitas*
ae: (two syllables) [a ɛ] *aere*
ai: (diphthong) [a:i] *Cairo*
ao: (two syllables) [a ɔ] *Paolo*
au: (diphthong) [a:u] *pausa*

Latin

a: [a] *sanctus*
æ: [ɛ] *æternæ*
au: (diphthong) [a:u] *audacia*
ay: (diphthong) [a:i] *Raymundi*

French

a and **à**: usually [a] *Paris, voilà*
a before [s], [z], or silent s: [a] *bas, extase*
ai: usually [ɛ] *plaisir*
ai final: [e] *fait*
aim and **ain**: [ɛ̃] *faim, ainsi*
am and **an**: [ɑ̃] *Champs-Élysées, chantez*
au before r: [ɔ] *Fauré*
au: [o] *beaux*
ay: [ɛj] *payer*

German

a, aa, or **ah** before one consonant: [a] *Vater, Saal, Mahl*
a before two consonants: [a] *Wasser*
ai and **ay**: [aI] *Mai, Bayern*
au: [aʊ] *Teilraum*
ä: [ɛ] *Männer*
äh: [e] *Krähe*
äu: [ɔI] *Träume*

A

Spanish	Italian	Latin	French	German	B
b phrase initial: [b] *bota* **b** syllable initial within a phrase: [β] *una boda* **b** syllable final: [β] *submarino* **b** between vowels: [β] *tubo* **b** following s or r: [β] *esbelto, orbita*	**b**: [b] *basamento* **bb**: [bb] *dabbene*	**b**: [b] *bibo*	**b**: [b] *bonjour* **bb**: [b] *abbesse* **b** before s or t: [p] *absolu, obturation*	**b** initial in word or syllable: [b] *Bild, aber* **b** final in word or syllable: [p] *Abfassung, ausserhalb* **b** before t or st: [p] *lebst*	**B**

C

Spanish	Italian	Latin	French	German
c before a, o, or u: [k] *cama, coco, cumplir*	**c** before a, o, u, or consonant: [k] *concavo*	**c** or **cc** before a, o, u, or consonant: [k] *coda, accommodo*	**c** or **cc** before a, o, u, or consonant: [k] *encore, d'accord*	**c** before i, e, or y: [ts] *Citrone*
c before e or i: [θ] (Spain) or [s] (Latin America) *cena, cinta*	**cc** before a, o, or u: [k:k] *ecco*	**c** or **cc** before e, æ, œ, i, or y: [tʃ] *acidus, accedo*	**c** before e, i, or y: [s] *cède*	**c** before a, o, or u: [k] *Cafe*
cc: [kθ] (Spain) or [ks] *(Latin America) acción*	**cc** before e or i: [tʃ] *cento*	**xc**: [kʃ] *excelsis*	**cc** before e, i, or y: [ks] *accent*	**ch** after i, e, y, ä, ö, ü or consonant: [ç] *dich*
ch: [tʃ] *chancho*	**cc** before e or i: [t:tʃ] *accelerando*	**c** final: [k] *hac*	**c** final: usually [k] *bric-à-brac*	**ch** after a, o, or u: [x] *Tochter*
	ch: [k] *chiesto*	**ch**: [k] *charisma*	**c** final after n: usually [silent] *blanc*	**chs** when s is part of the root of the word: [ks] *Sechs*
	cch and **cqu**: [k:k] *occhi, acquoso*		**ch**: usually [ʃ] *chantez*	**ck**: [k] *Anblick*
			ct: [silent] *respect* or [kt] *direct*	
			ç: [s] *façade*	

C

D

Spanish

d phrase initial: [d] *donde*
d syllable initial within a phrase:
  [ð] *La duma*; or [d] *undiente*
d between vowels: [ð] *vida*
d after r or s: [ð] *desde*
d final: [ð] *libertad*

Italian

d: [d] *dolce*
dd: [d:d] *addentro*

Latin

d: [d] *Deus*

French

d: [d] *Dieu*
dd: [d] *addition*
d final: [silent] *quand*
d in liason: [t] *quand_un*

German

d initial in word or syllable: [d]
  dadurch
d final in word or syllable: [t] *Tod*
dt: [t] *angewandt*

D

E

Spanish

e: [e] *elemento*
ei in one syllable: [ej] *peine*
eu in one syllable: [e:u]
  neurona
ey in one syllable: [ej] *ley*

Italian

e unstressed; ending a
  syllable; and in suffixes and
  diminutives: [e] *legale,
  pena, musetta*
è and **é**: [e] *chè, ché*

Italian

e unstressed before l, m, n,
  r plus consonant: [ɛ] *beltà*
e as antepenultimate
  syllable: [ɛ] *gelida*
e before s plus consonant;
  before vowel; and after i or
  u: [ɛ] *sei, cielo, testa*
e before double consonant:
  [e] *stella* or [ɛ] *bella*
ea: (two syllables) [ɛ a]
  idea
ei: (diphthong) [ɛ:i] *lei*
eo: (two syllables)[ɛ ɔ]
  Orfeo
eu: (diphthong) [ɛ:u] *euro*

Latin

e: usually [ɛ] *clemens*
eu (diphthong): [ɛ:u] *idoneus*
eu (two syllables): [ɛ u] *deus*

French

e before final pronounced
  consonant; final et; and ei:
  [ɛ] *fer, filet, seize*
è, ê, ë: [ɛ] *crème, crêpe,
  Noël*
é: [e] *sauté*
e before final silent
  consonant; final er in verb;
  es monosyllable; and et
  (and): [e] *pied, marcher,
  des, et*

French

es final and **ent** final in
  verb: [ə] *parles, parlent*
eim; ein, and **en** after i: [ɛ̃]
  combien, plein
em; en; and **ent** (non verb):
  [ɑ̃] *ensemble,
  divertissement*
en after i: [ɛ̃] *ancien*
e final: [silent]*cuisine* or
  [ə] *Je*
eau: [o] *beaucoup*
eu before [z] or final: [ø]
  creuse, peu
eu final after i: [œ]*Dieu*
eu other: [œ] *connoisseur*
er final: sometimes [ɛr] *hiver*

German

e stressed syllable and **e**
  before one consonant:
  [e] *ewig*
e unstressed syllable and **e**
  final: [ə] *Liebe*
e before two consonants:
  [ɛ] *herleiten*
ee: [e] *Seele*
ei and **ey**: [al] *ein, Meyer*
eu: [ɔl] *Freude*
eh: [e] *sehr*

Spanish	Italian	Latin	French	German
f: [f] *fases, tráfi co*	**f**: [f] *fabbricare* **ff**: [f:f] *offerta*	**f**: [f] *fi delis*	**f**: [f] *France* **ff**: [f] *coiffeur, affaires* **f** fi nal: usually [f]*sportif* **f** in liason: [v] *neuf_heures*	**f**: [f] *fragen*

F

F

G

Spanish

g before e or i: [x] (Spain), [ç] (Latin America), or [h] (Latin America) *gente, agita*
g before a, o, or u: [g] *gato, gota, guapo*
g between vowels or after s: [ɣ] *hago, desgano*
gua initiating a word: [gwa] *guante*
gua in the middle a word: [gwa] *agua*
gue initiating a syllable: [ge] *trague*
gui initiating a syllable: [gi] *guiso*
güe initiating a word: [gwe] *Güero*

Italian

g before a, o, u, or consonant: [g] *gala*
gg before a, o, or u: [g:g] *struggo, lougga*
g before e or i: [dʒ] *giacinto*
gg before e or i: [d:dʒ] *formaggio, viaggio*
gn in the same syllable: [ɲ] *ogni*
gl before a, o, or u: [gl] *glorioso*
gli: [ʎ] *foglia*
gh: [g] *ghermire*
gu: [gw] *guardare*

Latin

g before a, o, u, or consonant: [g] *plagas*
g before e, æ, œ, i, or y: [dʒ] *regina*
gn: [ɲ] *Agnus*

Spanish

güe in the middle of a word: [gwe] *desagüe*
güi: [gwi] *lingüística*

French

g or **gg** before a, o, u, or consonant: [g] *gant, aggraver*
g before e, i, or y: [ʒ] *genou*
gg before e, i, or y: [gʒ] *suggerer*
g final: [silent] *poing*
ge before a or o: [ʒ] *bourgeois*
gu before a vowel: [g] *fatiguer*
gn: usually [ɲ] *compagnon*
g in liason: [k] *sang_impur*

German

g initial in word or syllable: [g] *Gute, fragen*
g final in word or syllable: [k] *Tag, Flugzeug*
g before t or st: [k] *fragst*
g in suffix -ig: [ç] *König*
g in some words of French origin: [ʒ] *Genie*

G

Spanish	Italian	Latin	French	German
h: [silent] *hoyo, ahondar*	**h**: [silent] *habitat* **ch**: [k] *chiamare* **ch** in words of foreign origin: [tʃ] *chef*	**h**: [silent] *hodie* **h** in the word *"mihi"* and *"nihil"*: [k]	**h**: [silent] *homme*	**h** initial in word or syllable: [h] *Held* **h** after a vowel: [silent] *herruhren*

Spanish	Italian	Latin	French	German
i: usually [i] *misa, iglesia* **í** followed by a vowel (two syllables): [i] *mío, hacía* **i** followed by another vowel (one syllable): [j] *viuda, mientras*	**i** final; before a consonant; and after a vowel: [i] *finiti, poi* **i** after c, g, sc, and before a vowel: [silent] *giusto, cioccolato* **ia** glide: [ja] *piacere* **ia:** (two syllables) [i a] *Maria* **ie** glide: [je] *pietà* **ie:** (two syllables) [i e] *follie* **iei:** [jɛːi] *miei* **io** glide: [jɔ] *fiocco* **io:** (two syllables) [i o] *mio* **iu** glide: [ju] *diurno,*	**i:** [i] *victoria* **i** in between vowels that follow q: [i] *quia* **i** in between vowels (other cases): [j] *alleluia*	**i** before a stressed vowel: usually [j] *hier* **i** final; before a consonant; and before a silent e: [i] *finir, partie* **î** except following an a: [i] *île* **il** and **ill:** [j] *soleil, dérailleur* **ille:** [ij] *brille* **im** and **in** in same syllable: [ɛ̃] *principle, timbre* **ien:** [jɛ̃] *ancien* **ient** final and verb ending: [i] or [iə] *rient*	**i** before two consonants: [I] *ist* **i** in suffixes –in, -nis, or -ig: [I] *Müllerin, Bildnis, vollig* **i** in unstressed ending -ik: [I] *Lyrik* **i** in stressed ending -ik: [i] *Musik* **i, ie, ih,** and **ieh** before one consonant: [i] *Bibel, Liebe, ihr, Vieh*

Spanish	Italian	Latin	French	German
j: [x] (Spain) or [h] (Latin America) *jején*	**j** (used only in older spellings): [j] *gajo* Also used in foreign words	**j**: [j] *Jesu*	**j**: [ʒ] *je, jeunesse*	**j**: [j] jede **j** in some words of French origin: [ʒ] Journalist

J

J

K

Spanish	Italian	Latin	French	German
k: [k] *kilómetro*	**k** (only used in foreign words)	**k**: [k] *kalendæ*	**k**: [k] *kilo*	**k:** [k] *kein* **ck**: [k] *Augenblick*

K

Spanish

I: [l] *lava, dedal*
II initial: [ʎ] (Spain), [j] (Latin America), [ʤ] (Latin America), or [ʃ] (Argentina and Uruguay) *llora*
II in the middle of a word: [ʎ] (Spain) or [j] (Latin America) *camello*

Italian

I: [l] *leale*
II: [lːl] *capello*

Latin

I: [l] *lacrimabilis*
II: [l] *alleluia*

French

I: [l] *liaison*
II: [l] *appellation*
I final: [l] *matériel*
I and **II** after i: [j] *soleil, brille* or [il] *mille, ville, tranquille*

German

I: [l] *Leben*
II: [l] *allein*

L

L

M

Spanish	Italian	Latin	French	German
m: [m] *momento*	**m**: [m] *momento* **mm**: [m:m] *commedia*	**m**: [m] *memoratus*	**m**: [m] *mademoiselle* **m** final: [silent] *nom* **mm**: [m] *femme*	**m**: [m] *Mädchen, mitsamt, dem*

M

Spanish

n: [n] *nana*
n before m: [m:m] *inmenso*
n before [k] or [g]: [ŋ] *inglés, nunca*
ñ: [ɲ] *ñame, caña*

Italian

n: [n] *nanosecondo*
n before [k] or g: [ŋ] *neanche, singolare*
gn: [ɲ] *ogni*
nn: [n:n] *ninnananna, ninnolo*

Latin

n: [n] *natura*
n before [k] or [kt]: [ŋ] *nunc, percunctor, sanctus*
nn: [n] *nonnumquam*

French

n: [n] *nouveau*
n final: [silent] *non*
ng: [ŋ] *longue*
ng final: [silent] *poing*
nn: [n] *bonne*

German

n: [n] *nach*
nn: [n] *nennen*
ng in same unit: [ŋ] *Anderung, abhangen*
ng in separate units: [n / g] *hingehen*
nk: [ŋ k] *bedenken*
nk in separate units: [n / k] *Anklang*

O

o

Spanish

o: [o] *oro*
oy: [o i] *hoy*
oi: (diphthong) [o:i] *heroico*
oí in two syllables: [o i] *egoísta*

Italian

o unstressed; before l followed by c, f, g, m, p, or, t; before mb, mm, or, mp; and before a single n: [o] *sospiro, dolce, ombra, donde*
o in stressed antepenultimate syllable: [ɔ] *opera*
o unstressed before r plus a consonant: [ɔ] *corno*

Italian

o after i or u; and **o** final and stressed: [ɔ] *pioggia, farò*
o before gli; before a consonant; and before a glide: [ɔ] *moglie, potente, poiana*
o before double consonants: [o] *bocca* or [ɔ] *lotto*
oa: (two syllables) [ɔ a] *boato*
oe: (two syllables) [ɔ ɛ] *coerente*
oi: (diphthong) [ɔ:i] *voi*
oia: (two syllables) [ɔ ja] *gioia*

Latin

o: [ɔ] *nobis*
œ: [ɛ] *cœlestis*

French

o: usually [ɔ] *force*
o before [z] and **o** as final sound: [o] *chose, propos*
o before y: [wa] *royal*
ô: [o] *rôle*
ou before a stressed vowel: [w] *oui*
ou, **où**, and **oû**: [u] *fou, goût*
ou before silent e: [u] *moue*
om and **on**: [ ] *comble, bonbons* ɔ̃
oi: [wa] *vois*
oin: [w] *point*
oeu: [œ̃] *choeur, coeur*

German

o before one consonant: [o] *Rose*
o before two consonants: [ɔ] *Kommen*
oo and **oh** before one consonant: [o] *Moos, gewohnlich*
ö and **öh** before one consonant: [ø] *hören, Söhne*
ö before two consonants: [œ] *Göttlich*

Spanish	Italian	Latin	French	German
p: [p] *papá, capturar*	**p**: [p] *papa* **pp**: [p:p] *pappardelle*	**p**: [p] *pacem* **ph**: [f] *triumphus* **ps**: [s] *psallite*	**p**: [p] *passe-partout* **p** final: [silent] *coup* **pp**: [p] *appellation* **ph**: [f] *morphine*	**p:** [p] *Prinzip* **pf**: [pf] *Pflanze* **ph**: [f] *phantastisch*

P

Q

Spanish	Italian	Latin	French	German
qu: [k] *queso, quieto*	**qu**: [kw] *quadrato*	**qu**: [kw] *quoniam*	**q**: [k] *quelle* **q** final: [k] *coq* **qu**: [k] *coquette*	**qu**: [kv] *Quadrat*

Q

Spanish	Italian	Latin	French	German
r beginning a word: [r] *ropa* **r** middle position: [ɾ] *sendero* **r** final: [ɾ] or [r] *comer* **r** after s or n: [r] *enredar, Israel* **rr**: [r] *carro*	**r**: [ɾ] *Marcia* or [r] *Regina* **rr**: [r] *terra*	**r**: [ɾ] *Maria* or [r] *Regina* **rr**: [r] *terra*	**r**: [ɾ] *raison* **r** final: [ɾ] *restaurateur* **rr**: [rr] *guerre* **er** as final in verbs and some nouns and adjectives: [silent] *entrer, boulanger*	**r**: [ɾ] *herein* or [r] Regel **rr**: [r] *erreichen* **r** final: [r] *seiner*

R

> Note: The following applies to all languages
> [r] = rolled "r" ; [ɾ] = flipped "r"

R

Spanish	Italian	Latin	French	German
s: [s] *sala, oso, sus* **s** before voiced consonants: [z] *desde*	**s** before a vowel: [s] *soneto* **s** before unvoiced consonant: [s] *sforzando* **s** before a voiced consonant: [z] *smalto* **s** between vowels: [z] *mosaico* **s** final: [s] *Radames* **ss**: [s] *tosse* **sc** before a, o, or u: [sk] *scudo* **sc** before e or i: [ʃ] *scema* **sch**: [sk] *scherzo*	**s**: usually [s] *caelestis* **s** between vowels: [s] *miserere* **s** final: [s] *beatus* **s** final after voiced consonant: [s] *decens* **ss**: [s] *confessus, passus* **sc** before a, o, u, or consonant: [sk] *deposco* **sc** before e, æ, œ, i, or y: [ʃ] *discipulus* **sch** before a, o, or u: [sk] *schola*	**s**: usually [s] *sauté* **s** between vowels: [z] *visage* **s** final: [silent] *très* **ss**: [s] *laissez* **sc** before a, o, or u: [sk] *sculpture* **sc** before e or i: [s] *adolescent* **sch**: usually [ʃ] *schema* **s** in liason: [z] *corps inanimé, puis il*	**s** initial word or unit and between vowels: [z] *sind, Absatz, Rose* **s** final word or syllable: [s] *aus* **ss** or **β**: [s] *lassen, weiss* **sch** in one unit: [ʃ] *schwer* **sch** in two units: [s/ç] *Häuschen* **sp** initial word or unit: [ʃp] *spielen, anspruch* **sp** all others: [sp] *Knospe* **st** initial word or unit: [ʃt] *Stelle, Frühstück* **st** all others: [st] *ist*

Spanish	Italian	Latin	French	German
t: [t] *trato*	**t**: [t] *tentare* **tt**: [t:t] *tattico, latte*	**t**: [t] *totus* **ti** between a vowel and a letter other than s, t, or x: [tsi] *gratias* **th**: [t] *sabaoth, thesis*	**t**: [t] *tête* **t** final: [silent] *tout* **tt**: [t] *toilette* **th**: [t] *théâtre* **ti** in suffixes –tion or –tience: [s j] *natation* **ti** in final syllable: [t i] *sortie*	**t**: [t] *treten, Punkt* **tt**: [t] *Tritt* **th** in same unit: [t] *Theater* **th** in different units: [t / h] *Rathaus* **ti** in the endings –tion or –tient: [tsj] *Nation* **tsch** in the same unit: [t ʃ] *deutsch, Entscheidung* **tz**: [ts] *Absatz*

T

T

U

Spanish	Italian	Latin	French	German
u: [u] *nunca*	**u** before a consonant and after a vowel: [u] *fuga, nautico*	**u**: [u] *usus*	**u** final or before a consonant: [y] *ingénu, une*	**u** and **uh** before one consonant: [u] *absolut, Stuhl*
ua: [wa] *cual*	**u** before a vowel and in two syllables: [u] *tua,tue, lui, tuo*	**u** after ng or q and followed by a vowel: [w] *usque, sanguine*	**u** before final silent e, except after q: [y] *avenue,* and silent in *magnifique*	**u** before two consonants: [ʊ] *Mutter*
ue: [we] *cueva*	**ua** glide: [wa] *quartetto*		**u** before a stressed vowel: [ɥ] *nuages, suis*	**ü** and **üh** before one consonant: [y] *für, fühlen*
ui: [w i] *druida*	**ue** glide: [wɛ] *guerra* or [we] *quello*		**u** after g and before a vowel: [silent] *longue*	**ü** before two consonants: [Y] *Glück*
uy: [u i] *muy*	**ui** glide: [wi] *languido*		**ue** before il and ille: [œ] *cercueil*	**ü** before ss or β: [u] *fuβ,* or [ʊ] *muβ*
ü: [w] *desagüe*	**uo** glide: [wɔ] *vuoto* or [wo] *quotidiano*		**um** and **un** in same syllable: [ɔ̃] *chacun*	
	uai: (one syllable) [waːi] *buai* or (two syllables) [wa 'i] *guaire*			
	uie: (one syllable) [wje] *quiete*			
	uio: (two syllables)['u jɔ] *buio*			
	uoi: (one syllable) [wɔːi] *tuoi*			

U

Spanish	Italian	Latin	French	German

v phrase initial: [v] or [b]
   vaca
v syllable initial within a phrase:
   [β] *una vaca*
v in middle position (usually
   between vowels): [v] or
   [β] *uva*

v: [v] *vivace*
vv: [v:v] *ovviamente*

v: [v] *virgo*

v: [v] *vin, vive*

v: [f] *viel, von*
v final in foreign words: [f] *brav*
v in other positions of foreign
   words: [v] *Vase, November*

V

v

W **W**

Spanish	Italian	Latin	French	German
w (only in foreign words)	**w** only in foreign words or words of foreign origin: [w] *wattora*	**w** (rare use): [w] *Werumensium*	**w**: [v] *warrenter*	**w**: [v] *wie, schwer*

Spanish	Italian	Latin	French	German
x initial: [s] *xenobial* **x** in middle position: [ks] *éxito,* or [h] (in Mexico) *México*	**x** only used in foreign words	**ex** initial before vowel: [gs] *exercitus* **ex** before c followed by a, o, or u: [ksk] *excolo* **ex** before c followed by e, æ, œ, i, or y: [kʃ] *excelsis* **ex** before h: [gs] *exheres* **ex** before s followed by a vowel: [gs] *exsul, exsules* **ex** before s followed by a consonant: [ks] *exspecto* **ex** before other consonants: [ks] *excrucio* **x** final: [ks] *pax*	**x** before a consonant: [ks] *extraordinaire* **x** before vowel or h: usually [gz] *exilé* **x** final: [silent] *tableaux* **x** elided: [z] *deux ami*	**x**: [ks] *Hexe*

X

X

Y

Spanish	Italian	Latin	French	German
y: [j] *yarda, yaya* **y** final or before a consonant: [i] *yatay, yterbio*	**y** (only used in foreign words)	**y**: [i] *hypocrita, thymum*	**y** beginning of a word: [j] *yeux* **y** before or after a consonant: [i] *lyre* **y** between two vowels: [i j] *voyager* **ym** and **yn**: [ɛ̃] *thym*	**y** as a derivation of ü before one consonant: [y] *Lyrik* **y** as a derivation of ü before two consonants: [Y] *Rhythmus* **y** in foreign words: [i] Tyrol or [j] *York*

Y

Spanish	**Italian**	**Latin**	**French**	**German**

Z

z: [s] (in Latin America) or [θ] (in Spain) *zapato, naríz*

z unvoiced: [ts] *zigano, Firenze*
z voiced: [dz] *zaffiro, bronzo*
zz unvoiced: [t:ts] *pazzo*
zz voiced: [d:dz] *zizzania*

z: [dz] *Lazaro*

z: usually [silent] *rendezvous*
z final: [silent] *répondez*
z: [z] (in certain proper names) *Berlioz*

z: [ts] zart, *Absatz*
zw: [tsv] *Grenzwert*

Z

Acknowledgements: Simplifying the complexities of the IPA system into an easy-to-use tool has proven to be a fantastic adventure. Fortunately some company along the way. I would extend a special thanks to my friend, Josh Habermann, for his invaluable insight and direction during the pr of preparing the IPA Alphabet. I would also like to extend my thanks to my friends at the University of Miami, to Dr. Jo-Michael Scheibe, and to my Mirtha, for encouraging me during this process. Last, and certainly not least, a special thanks to Allan Petker and Pavane Publishing for believing in this product.

Cristian Grases joined the USC Thornton Faculty in 2010 as Assistant Professor of Choral Music and Conductor of the USC Thornton Concert Choir. Born in Venezuela, he earned degrees from the Simón Bolivar University (MM) where his principal teachers were María Guinand and Alberto Grau, and the University of Miami (DMA). Dr. Grases currently serves as chair of the Ethnic and Multicultural Repertoire and Standards Committee for the Western Division of the American Choral Directors Association, and a member of the board of directors of the International Federation for Ch──

Pavane Publishing
www.PavanePublishing.com

ISBN-13: 978-1-934596-11-1

Distributed By
HAL LEONARD

08301917

9 781934 596111

08301917

8 84088 55263 3

P5024 IPA Alphabet
$18.99

HAL•LEONA
CORPORAT
EXCLUSIVELY DISTRIBUTED BY
7777 W. BLUEMOUND RD. P.O. BOX 13819 MILWAUKE

ACKNOWLEDGEMENTS